Flower Fairies
Im Sommer

Cicely Mary Barker

Flower Fairies
Im Sommer

Aus dem Englischen
von Elisabeth Stiemert

DESSART

Inhalt

Hahnenfuß

Ruprechtskraut

Vergißmeinnicht

Klatschmohn

Roter Fingerhut

Heckenrose

Weißklee

Wald-Geißblatt

Hornklee

Bittersüßer Nachtschatten

Glockenblume

Heidekraut

Schafgarbe

Leinkraut

Witwenblume

Acker-Gauchheil

Flockenblume

Wilde Clematis

Greiskraut

Rose

Der Frühling geht,
der Sommer kommt

Der vielgeliebte Frühling
hat sich davongemacht,
weil nun am blauen Himmel
die Sommersonne lacht.

Der Frühling gab dem Sommer
zum Abschied einen Kuß
und sagte: „Ich will gehen,
genau gesagt, ich muß.

Es steht so im Kalender,
im Juni, da kommst du.
Mach's gut – mir soll es recht sein.
Mehr sag ich nicht dazu."

Hahnenfuß

Hahnenfuß

Ranunculus

„Zitronenfalter, jetzt ist Schluß",
ruft die Elfe Hahnenfuß,
„komm hervor aus dem Versteck,
oder ich lauf ganz schnell weg!"

„Kleine Elfe, du bist dumm",
ruft der Falter, „schau dich um.
Habe mich doch nicht versteckt.
Hast du mich noch nicht entdeckt?
Sitze ganz dicht hinter dir
auf der gelben Wiese hier."

Der Hahnenfuß heißt auch noch Brennkraut,
Gichtkraut, Spinnenwarz und Teufelsauge.
Er gilt als Heilpflanze – gut gegen Kopf- und
Gliederschmerzen – die frische Pflanze ist
aber sehr giftig.

Ruprechtskraut

Geranium robertianum

Kleines Ruprechtskraut,
leuchtend und fein,
blickt von der Böschung,
wächst sogar auf Gestein.

Kleines Ruprechtskraut
hat Blätter in violett-rot
und weitere Namen
wie Storchenschnabel
und Wilde Geranie
im Angebot.

Ruprechtskraut

Vergißmeinnicht

Vergißmeinnicht

Myosotis

Mit einem kleinen
hellblauen Gesicht
blickt meine Blüte
ins Sonnenlicht.

Um meine großen
Schwestern zu sehen,
mußt du an den Fluß
und in die Gärten gehen.

Ich zeige im Grase
mein Blumengesicht.
Auch wenn ich so klein bin,
vergeßt mich nur nicht!

Der Name stammt wahrscheinlich daher,
daß man die Wurzeln der Pflanze zu einem
Liebestrank verwendete.

Klatschmohn

Papaver rhoeas

Der Weizen ist grün, er wächst und gedeiht,
Lerchengesang klingt zu mir.
Im rotseidenen glänzenden Kleid
stehe ich hier.

Der Weizen ist gelb, zum Schneiden gereift,
er wird gemäht, wenn es tagt.
Ich höre den Jungen, wie er laut pfeift
und wie er die Vögel verjagt.

Sie kommen zurück und rufen mir zu:
„Mohnblume, wir waren nicht weit,
bleiben bei dir, du Schöne, du,
in deinem rotseidenen Kleid!"

Der Klatschmohn wird auch Blutblume oder
Feuerblume genannt.

Klatschmohn

Roter Fingerhut

Roter Fingerhut

Digitalis purpurea

Fingerhut, Fingerhut,
sag, wo du bist?
Im Walde, im Schatten,
wo es kühl genug ist.

Fingerhut, Fingerhut,
und in der Nacht?
Auf Farnkraut und Gräser
fällt Mondenschein sacht.

Fingerhut, Fingerhut,
wen hast du gern?
Am Himmel den silbernen
Fingerhutstern.

Der Rote Fingerhut ist eine Giftpflanze, deren
Essenz aber in der Heilkunde – als Herzmittel –
große Anwendung findet.

Heckenrose

Rosa dumetorum

Prinzessin Rose wartet hier
in ihrem Festtagskleid.
Geritten kommt der Kavalier,
er ist jetzt nicht mehr weit.

Schon sieht sie ihn am Waldesrand,
sein Schimmel trabt heran.
Er hebt zum Gruße seine Hand
und kommt bald bei ihr an.

Fällt vor ihr nieder auf die Knie
und blickt ihr ins Gesicht.
Dann küßt er sie und streichelt sie,
wenn er sich nur nicht sticht!

Die Früchte der Heckenrose – die Hagebutten –
werden sowohl als Tee verwendet als auch zur
Marmelade verkocht.

Heckenrose

Weißklee

Weißklee

Trifolium repens

Ich bin der Weißklee,
kommt heran,
seht euch mein grünes
Kleeblätterkleid an!

Die Bienen summen
um meine Köpfchen,
suchen sich Honig
für ihre Töpfchen.

Ihr Bienen, ihr Bienen,
willkommen bei mir.
Weißkleeblütenhonig
gibt es nur hier!

Wird auch Lämmerklee und Bienenklee genannt.

Wald-Geißblatt

Lonicera periclymenum

Oben aus dem Blütenbusch
nimmt der Elf sich die Trompete,
bläst damit den Blütentusch,
den der Wind im Wald verwehte.

Trägt den Geißblattblütentusch
über Buchen, über Eichen –
über den Holunderbusch
wird er uns vielleicht erreichen.

Wie ein Hauch berührt er dich,
wunderschön und sommerlich.

Wald-Geißblatt

Hornklee

Hornklee

Lotus corniculatus

Hopsala, so tanze ich,
hopsala, ich drehe mich.
Der Elf aus der Familie Klee
singt und springt und ruft juchhe!

Er tanzt gern am Weg entlang
oder über einen Hang,
er ist fröhlich, guter Dinge,
und zart wie kleine Schmetterlinge
sind die Blüten hier, juchhe,
aus der großen Sippe Klee.

Wie kleine Flammen tanzen sie
zu der Hopsa-Melodie.

Der Hornklee war schon 3700 vor Christi Geburt
in China als Heilpflanze berühmt, und noch die
Mönche des Mittelalters beschreiben ihn als viel-
seitige und unentbehrliche Heilpflanze.

Bittersüßer Nachtschatten

Solanum dulcamara

Hört, ihr Kinder, ich bin ehrlich,
meine Blüten sind gefährlich,
meine Beeren auch.
Meidet meinen Strauch.
Rührt mich niemals an.
Bitte denkt daran!

Nach der Blüte bringt der Bittersüße Nachtschatten scharlachrote Beeren hervor, die sehr
giftig sind und unter Umständen Atemlähmung
hervorrufen.

Bittersüßer Nachtschatten

Glockenblume

Glockenblume

Campanula rotundifolia

Wenn die Glockenblumen läuten,
diese zarten, blauen, vielen,
auf den feinen, dünnen Stielen,
hat das etwas zu bedeuten.

Elfen kommen, um zu fragen,
wo sich alle treffen wollen,
ob sie Kränze tragen sollen.
Und die Glockenblumen sagen:

„Bitte Kränze in den Haaren,
goldgetupfte Elfenflügel,
und das Fest ist auf dem Hügel,
wo die Feste immer waren."

Heidekraut

Calluna vulgaris

Ho, Heide, ho! Von Süd bis Nord
bedeckt mit Purpur hier und dort.
Du bist so schön! Von Ost bis West
bekleidet wie zu einem Fest.

Ich springe, denn ich muß noch weit,
bring jedem Moorland jetzt sein Kleid.
Dann feiert es bei Vogelsang
den ganzen lieben Sommer lang.

Das Heidekraut wurde von den Kräutervätern des
Mittelalters als blutreinigendes Mittel sehr geschätzt.

Heidekraut

Schafgarbe

Schafgarbe

Achillea millefolium

Ja, ich wünsche mir so sehr,
endlich käme jemand her,
der mich findet, der mich mag,
darauf wart ich jeden Tag.

Bleibt denn niemand bei mir stehen,
um mich richtig anzusehen?

Pflückt mich, denn wenn einer krank,
heilt von mir ein Blütentrank.
Sucht, damit ihr mich entdeckt.
Meist bin ich im Gras versteckt.

Sie hat ihren Namen von Achilles, der als ein Schüler
des heilkundigen Chiron die Heilkraft dieser Pflanze
entdeckte. Die Schafgarbe gehört zu den vielfältigsten
Heilpflanzen, die wir besitzen.

Leinkraut

Linaria vulgaris

Wenn die Kinder kommen,
sagen sie: „Schau,
wie Löwenmäulchen
im Garten. Genau.
Nur viel kleiner!"

Sie werden sich bücken,
die Hände ausstrecken
und meine Blüten drücken.

Die werden erschrecken,
ihr Mäulchen aufreißen
und schließlich lachen:
„Was Kinder so machen!"

Schon in den ältesten Kräuterbüchern wird eine
Salbe aus Leinkraut als Schönheitsmittel genannt.

Leinkraut

Witwenblume

Witwenblume

Knautia arvensis

Eine Hummel wollte wissen:
Sind das Elfennadelkissen?

Es sind Blüten, Brummerin,
flieg einmal zu ihnen hin.

Sieh nur, wie sie freundlich blicken,
wie sie mit dem Köpfchen nicken.

Sagen, du solltest sie besuchen,
dann bekommst du Honigkuchen.

Acker-Gauchheil

Anagallis arvensis

Wenn ihr auf einem Feldweg geht
und mich dort am Wegrand seht,
schaut mich nur genauer an –
weil ich was Besonderes kann.

Ich sag euch das Wetter an!

Strahlt vom Himmel schönes Wetter,
öffne ich die Blütenblätter.

Wenn es schlechtes Wetter wird
– ich hab mich noch nie geirrt –
werden die Blüten zugemacht,
so wie in der Nacht.

Acker-Gauchheil

Flockenblume

Flockenblume

Centaurea scabiosa

Schade, daß fast niemand weiß,
daß ich Flockenblume heiß.
Heute sag ich's,
morgen sag ich's,
übermorgen frag ich dich:
Nun, mein Kind, wie heiße ich?

Flockenblume mußt du sagen,
dann will ich nie wieder fragen.

Wilde Clematis

Clematis vitalba

Wandersmann, komm! Laß dich nieder.
Ich singe dir auch Elfenlieder.
Sing dir Lieder, du schläfst ein,
träumst bei hellem Sonnenschein.
Wachst dann auf und gehst bald wieder,
singst jetzt selber Wanderlieder,
weil du gut geschlafen hast.
Wandersmann, mach bei mir Rast!

Wilde Clematis

Greiskraut

Greiskraut

Senecio jacobaea

Noch ist der Sommer hier im Land,
schon bald wird er wohl gehen.
Doch ich bleib hier am Wegesrand,
auch wenn der Herbst kommt, stehen.

Ich sage ihm dann guten Tag.
Ich habe ihn sehr gerne
und weiß, daß auch der Herbst sie mag –
die Farbe meiner Sterne.

Rose

Rosa

Von allen Blumen, die bekannt,
ist sie die schönste hier im Land.
Wird Königin sogar genannt.
Was soll ich nur für Worte wählen,
von ihrer Schönheit zu erzählen?

Die Rosenknospen öffnen sich:
Ein Weiß, wahrhaftig königlich,
entfaltet sich.
Auch gelb. Und immer loht
das wunderschöne Rosenrot.

Und wenn sie blüht, schwebt in der Luft
ein ganz geheimnisvoller Duft.

Wir Elfenkinder lieben sie,
denn Elfen sticht die Rose nie.

Die Rose kommt ursprünglich aus Zentralasien, als
Wildrose. Die ersten Gartenrosen werden in Babylon
erwähnt.

Rose

Die Deutsche Bibliothek – CIP-Einheitsaufnahme

Barker, Cicely Mary:
Flower fairies / Cicely Mary Barker.
Aus dem Engl. von Elisabeth Stiemert. –
München : Dessart

Im Sommer. – 2000
ISBN 3-89050-413-2

Published in the UK by Frederick Warne & Co. Ltd.,
Penguin Group
27 Wrights Lane, London W8 5TZ, England
First published 1925
This compilation first published 1985
This edition with new reproductions first published 1990
Text and original illustrations:
copyright © The Estate of Cicely Mary Barker, 1925, 1944
New reproductions:
copyright © The Estate of Cicely Mary Barker 1990

Für die deutschsprachige Ausgabe:
© Copyright 2000 Middelhauve Verlags GmbH
für Engelbert Dessart Verlag, D-81675 München
Alle Rechte vorbehalten, auch die des auszugsweisen Abdrucks,
gleich welcher Medien

gesetzt aus der Janson MT 13/16 Punkt
gedruckt auf: 150 g Claudia Star
Druck und Bindung: Sebald Sachsendruck, Plauen

ISBN 3-89050-413-2

Wir danken unseren Partnern und Lieferanten!